365 DEVINETTES À CROQUER

Texte de Philippe Simon
Illustrations de Benoît Debecker

ÉDITIONS LITO

1. Quelle est la spécialité de Montélimar ?

---

2. Comment fait-on cuire les beignets :
– dans de l'eau,
– dans de l'huile,
– dans du lait ?

---

3. Qu'est-ce qu'un paris-brest ?

---

4. De quelle plante cultivée dans les régions tempérées extrait-on le sucre ?

---

5. Que signifie l'expression « avoir l'eau à la bouche » :
– avoir très envie d'un plat,
– ne pas aimer un plat,
– ne pas avoir faim ?

---

6. Quel est le plat préféré d'Astérix et d'Obélix ?

7. Comment s'appelle le plat espagnol fait avec du riz, de la viande, du poisson et des crustacés ?

8. Comment blanchit-on les légumes ?

9. La trompette-des-morts est un champignon vénéneux. Vrai ou faux ?

10. Quel est l'arbre qui produit les pamplemousses ?

11. Quel pays a pour monnaie le sucre ?

12. Quelle plante Antoine Parmentier a-t-il fait connaître aux Français au XVIIIe siècle ?

13. On me trouve sur les vieilles pierres et dans les bois, mais on peut aussi me déguster en dessert. Qui suis-je ?

14. Parmi ces trois ingrédients, quel est celui qui n'entre pas dans la préparation de la mayonnaise :
– le lait,
– le jaune d'œuf,
– l'huile ?

---

15. Qu'est-ce qu'un pain polka ?

---

16. Avec quelle viande prépare-t-on le jambon blanc ?

---

17. Que signifie l'expression « mettre les petits plats dans les grands » :
– ranger la vaisselle,
– préparer un bon repas,
– laver la vaisselle ?

---

18. Dans la fable de La Fontaine, que tient le corbeau dans son bec ?

---

19. Le whisky est la spécialité de quel pays ?

---

20. Île des Antilles, ville d'Andalousie,

je suis aussi un fruit rempli de perles roses. Qui suis-je ?

---

21. Je vis dans l'Arctique mais on peut aussi me manger. Qui suis-je ?

---

22. Parmi ces trois boissons, quelle est celle qui contient du gaz carbonique :
– le jus d'orange,
– la limonade,
– l'eau plate ?

---

23. Dans quel océan sont situées les îles Sandwich ?

---

24. Quel plat le roi Henri IV voulait-il voir, chaque dimanche, sur la table des Français ?

---

25. De quelle région de France la choucroute est-elle la spécialité ?

---

26. Quel est le fruit préféré des professeurs d'histoire ?

27. Qu'est-ce qu'un steak tartare ?

28. Avec quel fruit fabrique-t-on le cidre ?

29. Que signifie l'expression « casser du sucre sur le dos de quelqu'un » :
– faire des compliments d'une personne,
– donner des coups à une personne,
– dire du mal d'une personne en son absence ?

30. Guyot, Williams, Beurré-Hardy, ce sont :
– trois variétés de poires,
– trois cuisiniers célèbres,
– trois grands vins ?

31. Quel est le pays d'origine du yaourt ?

32. Quelle est la ville préférée des crémiers ?

33. Qu'est-ce qui peut être brisée, sablée, levée ou feuilletée ?

34. Quelle vitamine trouve-t-on dans l'orange :
– la vitamine A,
– la vitamine B,
– la vitamine C ?

---

35. Je suis un département mais aussi un fromage. Qui suis-je ?

---

36. Quel est le gâteau le moins apprécié du balayeur en automne ?

---

37. Quelle est la spécialité de Dijon ?

---

38. Avec quelle viande prépare-t-on le pot-au-feu ?

---

39. Qu'est-ce qui peut être rouge sur le toit et aux amandes au dessert ?

---

40. Quel est l'autre nom du froment ?

---

41. Que signifie l'expression « manger comme quatre » :
– manger dans quatre assiettes différentes,

– avoir autant d'appétit que quatre personnes,
– manger très vite ?

---

42. Quel est le plat préféré de Popeye ?

---

43. Dans quel pays mange-t-on des frites avec des moules ?

---

44. Que signifie « comestible » :
– qui peut être mangé sans danger,
– qui est excellent pour la santé,
– qui a très bon goût ?

---

45. Quelle est la variété de pomme la plus cultivée en France ?

---

46. Parmi ces trois viandes, quelle est celle qui contient le plus de calories :
– le poulet,
– le bœuf,
– le mouton ?

---

47. Je suis un fruit au nom d'oiseau. Qui suis-je ?

---

48. Quel fruit Christophe Colomb a-t-il découvert en 1493 en Guadeloupe ?

---

49. Quelle est la spécialité de la mère Poulard au Mont-Saint-Michel ?

---

50. Combien de temps doit-on laisser cuire un œuf dans de l'eau bouillante pour qu'il devienne dur :
– 3 minutes,
– 6 minutes,
– 10 minutes ?

---

51. Qu'appelle-t-on « pommes de terre en robe des champs » ?

---

52. Qu'est-ce qui peut être mauvais au cinéma et délicieux avec un canard ?

---

53. Avec quel lait fabrique-t-on le camembert ?

---

54. Dans les films policiers, que signifie l'expression « se mettre à table » :

– accuser quelqu'un à tort,
– avouer,
– s'évader ?

---

55. Quel est le plat préféré de Bugs Bunny ?

---

56. De quel pays la pizza est-elle la spécialité ?

---

57. À partir de quoi les abeilles fabriquent-elles le miel ?

---

58. Qu'est-ce que le lard ?

---

59. Lequel de ces trois légumes n'est pas un légume vert :
– le flageolet,
– le haricot vert,
– le petit pois ?

---

60. Quelle région française a donné son nom à un gâteau ?

---

61. Comment appelle-t-on la bière que buvaient les Gaulois ?

62. Ce vin blanc mousseux est la spécialité de Reims. Quel est son nom ?

---

63. Qu'est-ce qu'un tournedos ?

---

64. Avec quoi fabrique-t-on le boudin noir ?

---

65. Quel est le plat préféré de l'astronome ?

---

66. Qu'apporte le Petit Chaperon rouge à sa grand-mère ?

---

67. Quel est le pays d'origine des loukoums ?

---

68. Quel est le fruit qui est aussi une fenêtre ?

---

69. Qu'est-ce qu'un magnum de champagne ?

---

70. Quelle ville d'Amérique du Sud est célèbre pour son pain de sucre ?

---

71. Quelle boisson était déjà consommée par les Chinois il y a 5000 ans ?

---

72. Quelle est la spécialité de la ville de Cambrai ?

---

73. Je suis un piment doux à gros fruits rouges, jaunes ou verts. Qui suis-je ?

---

74. Qu'est-ce qu'une langue de chat ?

---

75. Quelles graines utilise-t-on pour obtenir du chocolat ?

---

76. Que signifie l'expression « marcher sur des œufs » :
– préparer une omelette,
– marcher sans faire de bruit,
– faire très attention ?

---

77. Quel ustensile introduit à table par Henri III provoqua les moqueries des courtisans ?

---

78. Quel est l'autre nom de l'alcool de riz ?

---

79. Quel est le nom qu'on donne à un entremets au chocolat nappé d'une crème anglaise ?

---

80. Que mange-t-on le jour de la Chandeleur ?

---

81. « Les oreillettes sont des merveilles » : de quoi s'agit-il ?

---

82. Où se trouve la Gruyère, qui a donné son nom à un fromage réputé ?

---

83. Qu'est-ce qu'un fruit blet ?

---

84. Quelle ville française est célèbre pour sa salade ?

---

85. Qu'est-ce que la tapenade ?

---

86. Quelle partie de l'artichaut consomme-t-on :
– la fleur,
– le fruit,
– la graine ?

---

87. Qu'est-ce qu'un œuf mollet ?

---

88. Que signifie l'expression « manger sur le pouce » :
– manger avec ses doigts,
– manger rapidement,
– manger sans appétit ?

---

89. Quel fruit empoisonné la sorcière donne-t-elle à Blanche-Neige ?

---

90. Quel est le légume qui fait pleurer quand on l'épluche ?

---

91. Qu'a inventé le cuisinier du maréchal du Plessis-Praslin ?

---

92. Parmi ces trois aliments, quel est celui qui contient du calcium :
– le fromage,
– la betterave,
– la salade ?

---

93. Pour un militaire, qu'est-ce qu'une sardine ?

---

94. Qu'est-ce qu'une romaine :
– une marmite pour la cuisson des pâtes,
– une passoire,
– une variété de laitue ?

---

95. Quelle charcuterie est la spécialité de la ville du Mans ?

---

96. Qu'est-ce qui peut être blanc ou noir dans une poêle ?

---

97. Qu'est-ce qu'une soupe passée ?

---

98. Quelles pâtes appelle-t-on des cheveux d'ange ?

---

99. Comment appelle-t-on un apprenti cuisinier :
– un cuistot,
– un marmiton,
– un maître queux ?

---

100. Le pudding est la spécialité de quel pays ?

101. Quel plat la Belle et le Clochard se partagent-ils dans le dessin animé de Walt Disney ?

---

102. Avec quelle céréale la bière est-elle parfumée ?

---

103. Qu'appelle-t-on « riz complet » :
– du riz cuit dans du lait,
– du riz servi froid,
– du riz consommé avec son enveloppe ?

---

104. Qu'appelle-t-on des oreillons quand il ne s'agit pas de la maladie ?

---

105. Une reine de France a donné son nom à une variété de prune. Laquelle ?

---

106. Quel est le point commun entre une arachide, une olive et une graine de tournesol ?

---

107. Quelle viande n'est jamais utilisée dans la préparation du couscous :

– le poulet
– le mouton,
– le porc ?

---

108. Qu'y a-t-il dans les chaussons aux pommes :
– des fruits entiers,
– de la gelée,
– de la compote ?

---

109. Que signifie l'expression « avoir du pain sur la planche » :
– avoir beaucoup à manger,
– gagner beaucoup d'argent,
– avoir beaucoup de travail ?

---

110. Quel fruit la fée transforme-t-elle en carrosse pour que Cendrillon puisse aller au bal ?

---

111. Les spaghettis à la bolognaise sont une spécialité de quel pays ?

---

112. Comment appelle-t-on les prunes qu'on fait sécher au soleil ou au four afin de les conserver ?

---

113. Que perdent les aliments lorsqu'ils sont trop cuits :
– leur sel,
– leur graisse,
– leurs vitamines ?

---

114. Que signifie l'expression « la moutarde lui monte au nez » :
– il commence à se mettre en colère,
– il rougit de honte,
– il est sur le point de pleurer ?

---

115. Comment appelait-on l'impôt sur le sel que les Français payaient avant la Révolution de 1789 ?

---

116. Je peux être marinière ou farcie. Qui suis-je ?

---

117. Quelle est la spécialité de la ville de Caen ?

---

118. Quelle est la particularité de la tarte Tatin ?

---

119. Un steak bleu est-il :

– un steak bien cuit,
– un steak haché,
– un steak cuit à l'extérieur et rouge à l'intérieur ?

---

120. De quelle plante extrait-on le tapioca :
– le manioc,
– l'igname,
– le soja ?

---

121. Que signifie l'expression « porter un toast à quelqu'un » :
– lui offrir à manger,
– boire à sa santé,
– lui présenter ses vœux pour la nouvelle année ?

---

122. L'araignée peut se manger en bifteck. Vrai ou faux ?

---

123. Dans quel pays a-t-on totalement interdit la vente et la consommation d'alcool entre 1919 et 1933 ?

---

124. Un fromager est un gâteau. Vrai ou faux ?

---

125. À partir de quelle plante est fabriqué le rhum ?

---

126. En charcuterie, qu'est-ce que le jésus ?

---

127. Comment coupe-t-on la viande pour préparer des brochettes ?

---

128. Qu'est-ce qu'un quatre-quarts ?

---

129. Avec quelle céréale prépare-t-on les pâtes :
– le maïs,
– le riz,
– le blé ?

---

130. Les fruits de mer sont une variété d'algue comestible. Vrai ou faux ?

---

131. Qu'est-ce qui peut être en granite ou en chocolat ?

---

132. Les saucisses de Francfort sont la spécialité de quel pays ?

---

133. Quel est le fruit qui connaît le droit ?

---

134. Qu'est-ce qu'une nectarine ?

---

135. Parmi ces trois fruits, quel est celui qui contient le plus de calories :
– l'amande,
– la cacahuète,
– la noisette ?

---

136. Quelle ville du Vaucluse porte le nom d'un fruit ?

---

137. De quelle région de France les petits-suisses proviennent-ils :
– la Savoie,
– la Normandie,
– le Dauphiné ?

---

138. Avec quelle viande prépare-t-on les hamburgers ?

---

139. Que signifie l'expression « ne pas être dans son assiette » :
– se tenir mal à table,
– être étourdi,
– être malade ?

---

140. La moussaka est la spécialité de quel pays ?

---

141. Je peux faire partie d'un orchestre, je suis aussi un légume. Qui suis-je ?

---

142. On me découpe en rondelles. Qui suis-je ?

---

143. L'olive verte devient noire quand elle est mûre. Vrai ou faux ?

---

144. Par quoi peut-on remplacer la viande ou le poisson pour faire un repas équilibré :
– un verre de jus d'orange,
– un œuf,
– une tranche d'ananas frais ?

145. Quel est le champignon qui est à la fois beau et laid ?

---

146. Quel fromage Marie Harel a-t-elle fait connaître au début du XIXe siècle :
– le reblochon,
– le roquefort,
– le camembert ?

---

147. Quelle charcuterie a rendu célèbre la ville de Bayonne ?

---

148. Lequel de ces trois ingrédients n'entre pas dans la préparation de la sauce piquante :
– le vinaigre,
– le cornichon,
– le ketchup ?

---

149. Avec quoi prépare-t-on l'orgeat ?

---

150. Que signifie l'expression « avoir les yeux plus grands que le ventre » :
– prendre plus de nourriture qu'on ne peut en manger,

– être jaloux de quelqu'un,
– être très maigre ?

151. Qu'est-ce que le sucre glace :
– du sucre en morceaux,
– du sucre fondu puis passé au réfrigérateur,
– du sucre en poudre extrêmement fin ?

152. Dans quel pays a-t-on l'habitude de manger des œufs au plat et du bacon au petit déjeuner ?

153. Quel est le fruit qui fait peur aux poissons ?

154. Pourquoi dit-on que les petits pois poussent en avril ?

155. Que désigne-t-on par « les quatre fruits rouges » ?

156. Que facilitent les fibres contenues dans les fruits et les légumes :
– la circulation du sang,

– la croissance des os,
– le passage des aliments dans les intestins ?

---

157. Comme je pique, on m'appelle parfois « châtaigne de mer ». Qui suis-je ?

---

158. Je suis un angle, je suis un fruit. Qui suis-je ?

---

159. Sous quel roi de France a-t-on commencé à boire du chocolat :
– Louis XIII,
– Louis XIV,
– Louis XV ?

---

160. Qu'est-ce qu'une assiette anglaise ?

---

161. Comment s'appelle la cuisse du mouton ?

---

162. Un légume qui a des yeux, vous dites que cela n'existe pas ? Et pourtant oui ! Lequel ?

163. Que signifie l'expression « avoir un appétit de moineau » :
– avoir souvent faim,
– avoir peu d'appétit,
– manger très rapidement ?

---

164. Avec quelle céréale prépare-t-on le pop-corn ?

---

165. Pourquoi appelle-t-on « fève » la figurine glissée dans la galette des Rois ?

---

166. Qu'est-ce que le crottin de Chavignol ?

---

167. Qu'appelle-t-on « lait pasteurisé » :
– du lait fraîchement trait,
– du lait bouilli,
– du lait dont on a retiré la crème ?

---

168. Je suis le régal de l'escargot. Qui suis-je ?

---

169. Je suis à la fois une boisson et un département français. Qui suis-je ?

---

170. Je suis une spécialité lorraine. Qui suis-je ?

---

171. Quelle est la pâtisserie qu'on voit dans le ciel les jours d'orage ?

---

172. Je suis un pain rectangulaire au miel, mais on me trouve parfois sous forme de petits sujets. Qui suis-je ?

---

173. Qu'est-ce qu'une poire Belle-Hélène ?

---

174. Qu'est-ce qu'une barde :
– un morceau de viande de mouton,
– une tranche de lard qui entoure un rôti,
– un pâté ?

---

175. Mes graines sont vertes et savoureuses. Qui suis-je ?

---

176. Quelle est la ville réputée pour ses melons ?

---

177. Quand je suis fraîche, on m'appelle cabillaud ; quand je suis séchée, merluche. Qui suis-je ?

---

178. Ma racine est délicieuse avec du beurre et du sel. Qui suis-je ?

---

179. En poudre ou en morceaux, qui suis-je ?

---

180. Qu'est-ce qu'une Granny Smith ?

---

181. Dans quelle région fabrique-t-on le saint-nectaire :
– en Artois,
– en Bourgogne,
– en Auvergne ?

---

182. Qu'est-ce qu'un zeste de citron ou d'orange ?

---

183. Quel pourcentage de matières grasses le gruyère contient-il :
– 40 %,
– 50 %,
– 60 % ?

---

184. Qu'est-ce qu'un café viennois :
– une mousse au café,
– un café servi avec de la crème fouettée,
– une glace parfumée au café ?

185. Qu'est-ce qui peut être d'api, d'Adam ou d'arrosoir ?

186. Qu'appelle-t-on « raisins de Corinthe » ?

187. Avec quelle prune violette de forme allongée fait-on une eau-de-vie ?

188. Le loup n'est pas seulement un mammifère, c'est aussi un poisson de mer. Vrai ou faux ?

189. Le gouda est la spécialité de quel pays ?

190. À quelle température les aliments sont-ils conservés dans un congélateur :
– moins 0°,

– moins 12°,
– moins 18° ?

---

191. Lequel de ces trois poissons apporte le moins de calories :
– la morue fraîche,
– le hareng,
– la sardine fraîche ?

---

192. Je suis un légume long et vert très rafraîchissant. Qui suis-je ?

---

193. On utilise mes feuilles en cuisine mais aussi pour faire des couronnes. Qui suis-je ?

---

194. Quelle est l'épice qui fait éternuer ?

---

195. Le haricot de mouton est préparé avec des haricots blancs. Vrai ou faux ?

---

196. Qu'est-ce qu'une omelette norvégienne ?

---

197. Qu'est-ce qu'un clou de girofle :
– un champignon,

– une variété de poire,
– une épice ?

198. Que signifie l'expression « manger à la table de Lucullus » :
– ne pas être invité à un repas,
– ne pas avoir assez à manger,
– faire un très bon repas ?

199. Dans la religion musulmane, qu'est-ce que le ramadan :
– une période de l'année pendant laquelle il est interdit de manger entre le lever et le coucher du soleil,
– une prière qui est dite avant le repas,
– un repas préparé en l'honneur du prophète Mahomet ?

200. Qu'est-ce que l'aïoli ?

201. Qu'est-ce qu'un berlingot, quand ce n'est pas un emballage pour le lait ?

202. Qu'est-ce qu'un encornet :
– un ustensile servant à remplir les cornets de glace,
– un mollusque voisin de la seiche,
– un coquillage en forme de corne ?

---

203. Je suis un petit salon mais aussi un biscuit. Qui suis-je ?

---

204. Je suis noir ou crème. Qui suis-je ?

---

205. Je suis un fromage, et une ville du Calvados m'a donné son nom. Qui suis-je ?

---

206. Que signifie l'expression « mettre les pieds dans le plat » :
– parler avec une brutale franchise,
– avoir beaucoup d'appétit,
– confier un secret important ?

---

207. Qu'est-ce qu'un hamburger ?

---

208. Quel fruit le père Clément a-t-il été le premier à cultiver en 1902 ?

209. Qu'est-ce que le pain azyme ?

---

210. Que signifie l'expression « sauter un repas » :
– manger rapidement,
– ne pas manger,
– dîner très tard ?

---

211. Quelle est la boisson qui n'aime pas attendre ?

---

212. Dans un restaurant, qu'est-ce que le sommelier :
– celui qui prend la commande,
– celui qui sert les vins,
– celui qui dirige la cuisine ?

---

213. Quel énorme fruit, à la chair orangée, peut peser jusqu'à 100 kilos ?

---

214. Qu'a inventé Charles Heudebert en 1903 :
– le pain de mie,
– le pain grillé,
– la biscotte ?

---

215. Parmi les choux, à quoi reconnaît-on les choux de Bruxelles ?

---

216. Parmi ces trois aliments, quel est celui qui contient le plus de fibres :
– la figue,
– la pomme de terre,
– la fraise ?

---

217. Les truffes poussent au pied de quel arbre ?

---

218. Quel est le plat à base de chou qui est une spécialité auvergnate ?

---

219. Qu'est-ce qui peut être blanc, bis ou noir ?

---

220. Dans quel pays mange-t-on des nids d'hirondelles ?

---

221. Parmi ces trois ingrédients, quel est celui qui n'entre pas dans la préparation de la sauce béchamel :
– le lait,

– la farine,
– la crème ?

222. Qu'est-ce qu'une profiterole :
– un champignon,
– un fruit exotique,
– un petit chou rempli de glace ?

223. Quelle différence y a-t-il entre le merlu et le colin ?

224. Que signifie l'expression « être un cordon-bleu » :
– être une bonne cuisinière,
– être un grand amateur de vin,
– être une parfaite maîtresse de maison ?

225. Je suis blanche, rose,ou bleue, parfois dorée, au chocolat ou argentée. Qui suis-je ?

226. Quels animaux gave-t-on pour obtenir le foie gras ?

227. Que veut dire exactement le mot anglais « hot dog » ?

228. Quel aliment les végétariens ne consomment-ils jamais ?

---

229. Je nettoie les vitres mais je suis aussi une spécialité de la Suisse. Qui suis-je ?

---

230. Quelle est la spécialité de la ville de Pont-Aven ?

---

231. Comment conserve-t-on les cornichons ?

---

232. Qu'est-ce qu'un hareng saur ?

---

233. Qu'est-ce qui fait de la musique et qu'on peut acheter chez le boulanger ?

---

234. Sous quel nom les œufs d'esturgeon sont-ils plus connus ?

---

235. Je peux être bourguignonne ou savoyarde. Qui suis-je ?

---

236. Que signifie l'expression « entre la poire et le fromage » :

– à la fin du repas,
– à l'heure du goûter,
– à l'apéritif ?

237. Chez les Hindous, quel est l'animal qu'il ne faut pas manger ?

238. Quel mode de cuisson consiste à plonger le récipient contenant un aliment dans l'eau bouillante pour le faire chauffer doucement ?

239. Qu'est-ce que de l'eau de Seltz ?

240. Parmi ces trois boissons, quelle est celle qui favorise le sommeil :
– le café,
– le lait sucré,
– le jus d'orange ?

241. Je suis un crayon mais aussi une préparation culinaire. Qui suis-je ?

242. Que récolte-t-on lorsqu'on fait les vendanges ?

243. L'un de ces trois gâteaux est une spécialité de Bretagne. Est-ce :
– le millefeuille
– le far,
– le baba ?

---

244. Quel alcool ajoute-t-on dans la préparation d'un cake ?

---

245. Qu'est-ce qu'un filet de poisson :
– un morceau de poisson sans arêtes,
– un morceau de poisson cru,
– un morceau de poisson conservé dans du vinaigre blanc ?

---

246. Quel fruit appelle-t-on « fruit de la passion » :
– la grenadille,
– la papaye,
– la mangue ?

---

247. Qu'est-ce qui peut être un groupe de maisons, fait avec de l'encre ou préparé avec de la viande ?

---

248. Que signifie l'expression « siffler un verre » :
– boire avec une paille,
– boire d'un trait,
– goûter plusieurs vins différents ?

---

249. À Noël, on me met dans la cheminée, mais on me mange aussi au dessert. Qui suis-je ?

---

250. Quel est le gâteau le plus sacré ?

---

251. Quel est le poisson préféré des garçons de café ?

---

252. Le lait est riche en vitamine C. Vrai ou faux ?

---

253. Qu'est-ce que du pain perdu ?

---

254. Qu'est-ce qu'un sucrin :
– un bonbon,
– une variété de melon,
– une orange très amère ?

---

255. De quelle région le saint-émilion provient-il :

– la Bourgogne,
– le Bordelais,
– l'Alsace ?

256. Avec quels légumes prépare-t-on le gratin dauphinois ?

257. De quel pays le parmesan est-il la spécialité ?

258. Qu'est-ce qu'une matelote :
– un plat de poissons préparé avec du vin,
– un plat de moules préparé avec de la crème fraîche,
– un plat de langoustes préparé avec du champagne ?

259. Que signifie l'expression « on ne peut pas être au four et au moulin » :
– on ne peut pas faire deux choses en même temps,
– on ne peut pas dépenser plus d'argent qu'on en gagne,
– on ne peut pas vivre sans travailler ?

260. Comment appelle-t-on le petit morceau de pain qu'on trempe dans l'œuf à la coque ?

---

261. Le goulasch est la spécialité de quel pays :
– la Hongrie,
– la Roumanie,
– la Pologne ?

---

262. Qu'est-ce qu'une marinade :
– une boisson rafraîchissante,
– un mélange de vin et d'aromates où l'on fait macérer de la viande ou du poisson,
– un plat de poissons et de crustacés ?

---

263. On me mange chaud ou glacé. Je suis aussi une couleur. Qui suis-je ?

---

264. La blanquette de Limoux est-elle un vin blanc mousseux ou un ragoût de viande blanche ?

---

265. Quel est le fruit le plus naïf ?

---

266. Qu'est-ce qui peut garnir une tomate ou être jouée au théâtre ?

---

267. Quel est le chou préféré des gourmands ?

---

268. Les calissons sont la spécialité de quelle ville :
– Aix-les-Bains,
– Aix-la-Chapelle,
– Aix-en-Provence ?

---

269. Qu'est-ce qui est renversé et qu'on peut manger ?

---

270. Parmi ces trois plantes, quelle est celle dont on mange les feuilles :
– l'endive,
– l'échalote,
– l'asperge ?

---

271. Combien existe-t-il d'espèces de pommes de terre ?

---

272. Quelle quantité de lait faut-il pour préparer huit yaourts ?

---

273. Que signifie l'expression « avoir des cheveux poivre et sel » :
– porter une perruque,
– perdre ses cheveux,
– avoir des cheveux bruns mêlés de blancs ?

---

274. Je suis une province grecque et un plat de légumes. Qui suis-je ?

---

275. De quel pays le poulet au curry est-il la spécialité ?

---

276. Qu'est-ce que le gros-plant ?

---

277. Je porte le même nom que le plat dans lequel je cuis. Qui suis-je ?

---

278. Quel champignon appelle-t-on le « diamant noir de la cuisine » ?

---

279. Quelle est la spécialité de la ville de Vire ?

---

280. Combien de variétés de fromages y a-t-il en France :
– plus de 250,
– plus de 45,
– plus de 350 ?

---

281. Avec quoi fait-on un croque-monsieur ?

---

282. Qu'est-ce qu'un croque-madame ?

---

283. Qu'est-ce qu'un lunch :
– un repas froid qu'on prend debout,
– une nappe brodée à l'anglaise,
– un poisson dont on consomme les œufs ?

---

284. Qu'obtient-on en faisant cuire du sucre dissous dans un peu d'eau ?

---

285. Épice, il peut être blanc, gris ou noir. Qu'est-ce que c'est ?

---

286. Que signifie l'expression « être dans la purée de pois » :
– être malade,

– être embourbé,
– être dans le brouillard ?

---

287. Qu'est-ce que le confit d'oie ?

---

288. De quel pays le chili con carne est-il la spécialité ?

---

289. Je suis entourée d'eau mais on me mange aussi en dessert. Qui suis-je ?

---

290. Je suis faite de fruits cuits avec du sucre. Qui suis-je ?

---

291. Comment appelle-t-on l'ensemble des graisses contenues dans les aliments :
– les lipides,
– les protides,
– les glucides ?

---

292. Quel fruit Guillaume Tell a-t-il transpercé d'une flèche ?

---

293. Pourquoi certaines moules sont-elles appelées « moules de bouchot » ?

---

294. Qu'est-ce qu'une ballottine :

– de la charcuterie,
– un gâteau sec,
– un cocktail à base de whisky ?

---

295. Qu'ajoute-t-on à une vinaigrette pour préparer une sauce gribiche :
– un jaune d'œuf cuit,
– de la moutarde,
– de l'ail pilé ?

---

296. La pistache est le fruit de quel arbre ?

---

297. Qu'est-ce qu'un pied-de-cheval ?

---

298. Qu'est-ce qui peut être collé sur le pare-brise d'une voiture et servi au dessert ?

---

299. Qu'est-ce que du lait de poule ?

---

300. Quelle est la céréale la plus consommée dans le monde :
– le riz,
– le maïs,
– le blé ?

---

301. La bouillabaisse est la spécialité de quelle ville ?

---

302. Comment appelle-t-on la tranche épaisse de filet de bœuf grillée, surmontée d'une tranche de foie gras et de lamelles de truffes ?

---

303. Qu'est-ce qu'une tranche napolitaine ?

---

304. Qu'appelle-t-on des amuse-gueules ?

---

305. Que signifie l'expression « être mi-figue, mi-raisin » :
– n'être ni très jeune, ni très âgé,
– n'être ni très agréable, ni très désagréable,
– n'être ni très sucré, ni très salé ?

---

306. Quelle est la spécialité de Castelnaudary ?

---

307. Qu'est-ce qu'un diplomate quand il ne s'agit pas d'un ambassadeur ?

---

308. Qu'obtient-on en étirant du sucre dans une centrifugeuse ?

---

309. Parmi ces trois fruits, il y a un agrume. Est-ce :

– la pomme,
– le citron,
– la cerise ?

310. À quelle température les aliments sont-ils conservés dans un réfrigérateur :
– entre moins 5° et 0°,
– entre 0° et 5°,
– à plus de 5° ?

311. Comment s'appellent les reins des animaux destinés à la cuisine ?

312. Une jardinière de légumes est :
– un bac où l'on cultive les légumes,
– un assortiment de légumes coupés en morceaux,
– un potage de légumes verts ?

313. On répand du sel sur la plage pour le faire sortir du sable. Qu'est-ce que c'est ?

314. Dans quel pays produit-on le porto ?

315. Je ressemble à la pomme de terre et je porte le même nom qu'une tribu d'Indiens. Qui suis-je ?

---

316. Qu'est-ce que la saumure ?

---

317. Quel mot désigne à la fois un endroit de la maison et un moment du repas ?

---

318. Qu'achète-t-on dans une viennoiserie ?

---

319. Quel est le patron des pâtissiers :
– saint Amand
– saint Fiacre
– saint Honoré ?

---

320. De quelle région le kouglof est-il une spécialité ?

---

321. Qu'est-ce que la pomme d'amour :
– la tomate,
– le citron,
– l'ananas ?

---

322. Qu'est-ce que le bleu d'Auvergne ?

---

323. Quel jour de la semaine, les chrétiens avaient-ils, autrefois, interdiction de manger de la viande ?

---

324. Qu'a inventé le duc de Richelieu en 1757 ?

---

325. Que signifie l'expression « avoir l'estomac dans les talons » :
– faire les courses,
– avoir très faim,
– rester longtemps sans manger ?

---

326. Quel crustacé surnomme-t-on le « cardinal des mers » ?

---

327. Qu'est-ce que le vin de paille ?

---

328. Qu'est-ce qui peut être blanc, frais ou de tête ?

---

329. Qu'est-ce qu'une côtelette en papillote ?

---

330. Quelle céréale est appelée blé noir ?

---

331. Lequel de ces trois champignons est mortel :
– l'amanite phalloïde,
– la grande coulemelle,
– la lépiote déguenillée?

---

332. Quelle est la spécialité de la ville de Commercy ?

---

333. De quoi les portraits du peintre italien Giuseppe Arcimboldo sont-ils composés ?

---

334. Qui a inventé le morceau de sucre :
– Eugène François,
– Parmentier,
– Molière ?

---

335. Que signifie l'expression « il y a à boire et à manger » :
– il y a de bonnes et de mauvaises choses,
– c'est très copieux,
– ça ne fait pas grossir ?

336. Qu'est-ce que de l'eau potable ?

---

337. Sous quel roi de France a-t-on mangé des haricots pour la première fois ?
– Charles II,
– François Ier,
– Henri II ?

---

338. Que vend un marchand des quatre saisons :
– du poisson,
– des fruits et des légumes,
– de la viande ?

---

339. Qu'est-ce qu'un bretzel ?

---

340. Dans quelle région de France boit-on du chouchen :
– en Bretagne,
– dans le Midi,
– dans les Pyrénées ?

---

341. Que signifie l'expression « manger des briques » :
– manger des aliments lourds à digérer,

– avoir très peu à manger,
– dépenser beaucoup d'argent ?

---

342. Quel est l'arbre dont on mange le cœur ?

---

343. Parmi ces trois éléments, quel est celui qui n'entre pas dans la préparation des bouchées à la reine :
– le champignon,
– le boudin,
– le ris de veau ?

---

344. Qu'est-ce qu'un vin frappé :
– un vin de mauvaise qualité,
– un vin refroidi au réfrigérateur ou au seau à glace,
– un vin dont le bouchon est recouvert d'un cachet de cire ?

---

345. Quel est le pays d'origine du litchi ?

---

346. Dans quel pays se trouve la ville de Moka ?

---

347. Que signifie l'expression « être chocolat » :

– avoir un coup de soleil,
– être gourmand,
– être dupé ?

---

348. Qu'est-ce qui peut être petit et gris, de Bourgogne ou de mer ?

---

349. Qu'est-ce qu'un mouton de pré-salé :
– un mouton salé avant d'être mis à cuire,
– un mouton conservé dans le sel,
– un mouton qui a brouté de l'herbe salée par la mer ?

---

350. Que signifie l'expression « ne pas attacher son chien avec des saucisses » :
– être étourdi,
– être avare,
– être gourmand ?

---

351. Quel champignon appelle-t-on également « champignon de Paris » :
– la lépiote,

– le champignon de couche,
– la vesse-de-loup ?

352. Quel fruit appelle-t-on aussi « groseille de Chine » ?

353. Dans quel pays appelle-t-on les Français « les mangeurs de grenouilles » :
– en Italie,
– en Allemagne,
– en Grande-Bretagne ?

354. Poisson, je suis dans votre assiette. Sinon, je suis sur votre tête. Qui suis-je ?

355. Le taboulé est la spécialité de quel pays ?

356. Quelle quantité de miel une abeille fabrique-t-elle dans sa vie :
– 5 grammes,
– 10 grammes,
– 50 grammes ?

357. Qu'est-ce qu'un en-cas ?

---

358. Quelle est la noix qui contient du lait ?

---

359. Qu'appelle-t-on un gendarme quand il ne s'agit pas d'un militaire :
– un maquereau au vin blanc,
– une saucisse sèche,
– une sardine à l'huile ?

---

360. Qui a donné son nom à la recette des pêches Melba ?

---

361. Quels fruits Christophe Colomb a-t-il emportés en Amérique ?

---

362. Quel est le nom qui ne désigne pas un vin :
– pelure d'oignon,
– moulin-à-vent,
– genièvre ?

---

363. Quel légume appelle-t-on l'asperge du pauvre ?

---

364. La sangria est la spécialité de quel pays ?

---

365. Quel gâteau mange-t-on pour fêter l'Épiphanie ?

SOLUTIONS

1. Le nougat.
2. Dans de l'huile.
3. Un gâteau fourré de crème pralinée.
4. La betterave sucrière.
5. Avoir très envie d'un plat.
6. Le sanglier rôti.
7. La paella.
8. On les plonge dans l'eau bouillante.
9. Faux.
10. Le pamplemoussier.
11. L'Équateur.
12. La pomme de terre.
13. La mousse.
14. Le lait.
15. Un pain plat dont la croûte est striée en losanges ou en carrés.
16. Avec de la viande de porc.
17. Préparer un bon repas.

18. Un fromage.
19. L'Écosse.
20. Grenade (la grenade).
21. L'Esquimau (l'esquimau).
22. La limonade.
23. Dans l'océan Pacifique.
24. La poule au pot.
25. L'Alsace.
26. La datte.
27. Un steak haché cru, servi avec un œuf frais posé dessus.
28. La pomme.
29. Dire du mal d'une personne en son absence.
30. Trois variétés de poires.
31. La Bulgarie.
32. Chantilly.
33. La pâte.
34. La vitamine C.
35. Le Cantal (le cantal).
36. Le millefeuille.
37. La moutarde.
38. Avec de la viande de bœuf.
39. Une tuile.
40. Le blé.

41. Avoir autant d'appétit que quatre personnes.
42. Les épinards en boîte.
43. En Belgique.
44. Qui peut être mangé sans danger.
45. La pomme Golden.
46. Le mouton.
47. Le kiwi.
48. L'ananas.
49. L'omelette.
50. 10 minutes.
51. Des pommes de terre cuites dans leur peau.
52. Un navet.
53. Avec du lait de vache.
54. Avouer.
55. Les carottes crues.
56. L'Italie.
57. À partir du suc de certaines fleurs.
58. La couche de graisse qui se trouve entre la peau et la chair du porc.
59. Le flageolet.
60. La Savoie.
61. La cervoise.
62. Le champagne.

63. Une tranche de filet de bœuf épaisse et entourée de barde.
64. Avec du gras et du sang de porc.
65. Les lentilles.
66. Une galette et un petit pot de beurre.
67. La Turquie.
68. La baie.
69. Une bouteille qui contient 150 cl.
70. Rio de Janeiro.
71. Le thé.
72. Les bêtises.
73. Le poivron.
74. Un petit gâteau sec.
75. Les graines de cacao.
76. Faire très attention.
77. La fourchette. (Les courtisans trouvèrent plus propre de continuer à manger avec leurs doigts.)
78. Le saké.
79. Un nègre en chemise.
80. Des crêpes.
81. De petits carrés de pâte frits et saupoudrés de sucre qu'on appelle oreillettes ou merveilles.

82. En Suisse.
83. Un fruit trop mûr.
84. Nice, pour sa salade niçoise.
85. Une préparation à base d'olives broyées avec des câpres au vinaigre et des aromates.
86. La fleur.
87. Un œuf cuit à la coque dont le blanc est dur et le jaune encore liquide.
88. Manger rapidement.
89. Une pomme.
90. L'oignon.
91. La praline.
92. Le fromage.
93. Un galon.
94. Une variété de laitue.
95. Les rillettes.
96. Du beurre.
97. Une soupe dont les légumes sont passés au mixer.
98. Les vermicelles.
99. Un marmiton.
100. L'Angleterre.
101. Un plat de spaghettis.

102. Avec du houblon.
103. Du riz consommé avec son enveloppe.
104. Des abricots au sirop.
105. La reine-claude.
106. Toutes trois fournissent de l'huile de table.
107. Le porc.
108. De la compote.
109. Avoir beaucoup de travail.
110. Une citrouille.
111. L'Italie.
112. Les pruneaux.
113. Leurs vitamines.
114. Il commence à se mettre en colère.
115. La gabelle.
116. Une moule.
117. Les tripes.
118. C'est une tarte cuite à l'envers.
119. Un steak cuit à l'extérieur et rouge à l'intérieur.
120. Le manioc.
121. Boire à sa santé.
122. Vrai : c'est un morceau de viande de bœuf.

123. Aux États-Unis.
124. Faux : c'est un arbre.
125. La canne à sucre.
126. Une variété de saucisson sec.
127. En petits morceaux en forme de cubes.
128. Un gâteau dont les ingrédients ont tous le même poids.
129. Le blé.
130. Faux : c'est le nom donné aux crustacés et coquillages.
131. Un rocher.
132. L'Allemagne.
133. L'avocat.
134. Une variété de pêche à peau lisse.
135. La noisette.
136. Orange.
137. La Normandie.
138. La viande de bœuf.
139. Être malade.
140. La Grèce.
141. Le flageolet.
142. Le saucisson.
143. Vrai.
144. Un œuf.

145. Le bolet.
146. Le camembert.
147. Le jambon.
148. Le ketchup.
149. Autrefois, avec de l'orge ; aujourd'hui, avec des amandes.
150. Prendre plus de nourriture qu'on ne peut en manger.
151. Du sucre en poudre extrêmement fin.
152. En Grande-Bretagne.
153. La pêche.
154. Parce que les petits poissons d'avril !
155. Les cerises, les fraises, les framboises et les groseilles.
156. Le passage des aliments dans les intestins.
157. L'oursin.
158. Le coing.
159. Louis XIV.
160. Un assortiment de viandes froides et de jambon.
161. Le gigot.
162. La pomme de terre.
163. Avoir peu d'appétit.
164. Avec du maïs.

165. Parce que autrefois c'était une vraie fève qu'on y glissait.
166. Un fromage de chèvre.
167. Du lait bouilli.
168. La salade.
169. Le calvados.
170. La quiche.
171. L'éclair.
172. Le pain d'épice.
173. Une poire nappée de chocolat servie avec une boule de glace à la vanille.
174. Une tranche de lard qui entoure un rôti.
175. Le petit pois.
176. Cavaillon.
177. La morue.
178. Le radis.
179. Le sucre.
180. Une pomme.
181. En Auvergne.
182. Un morceau d'écorce.
183. 40 %.
184. Un café servi avec de la crème fouettée.

185. La pomme.
186. Des raisins secs.
187. La quetsche.
188. Vrai.
189. Les Pays-Bas.
190. Moins 18°.
191. La morue fraîche.
192. Le concombre.
193. Le laurier.
194. Le poivre.
195. Faux : avec des pommes de terre et des haricots. (Haricot est un mot de l'ancien français qui veut dire « morceau ».)
196. Une glace recouverte de meringue chaude.
197. Une épice.
198. Faire un très bon repas. Lucullus était un riche Romain, célèbre pour le faste de ses invitations.
199. Une période de l'année pendant laquelle il est interdit de manger entre le lever et le coucher du soleil.
200. Une sorte de mayonnaise à l'ail et à l'huile d'olive.

201. Un bonbon.
202. Un mollusque voisin de la seiche.
203. Un boudoir.
204. Le café.
205. Le pont-l'évêque.
206. Parler avec une brutale franchise.
207. Un steak haché servi sur du pain ou en sandwich.
208. La clémentine.
209. Du pain cuit sans levain.
210. Ne pas manger.
211. Le citron pressé.
212. Celui qui sert les vins.
213. Le potiron.
214. La biscotte.
215. À leur petite taille.
216. La figue.
217. Au pied du chêne.
218. La potée.
219. Le pain.
220. En Chine.
221. La crème.
222. Un petit chou rempli de glace.
223. Aucune. Il s'agit du même poisson.
224. Être une bonne cuisinière.

225. La dragée.
226. Les oies ou les canards.
227. « Chien chaud ».
228. La viande.
229. La raclette.
230. Les galettes.
231. Dans du vinaigre.
232. Un hareng salé et fumé.
233. Une flûte.
234. Le caviar.
235. La fondue.
236. À la fin du repas.
237. La vache.
238. Le bain-marie.
239. De l'eau gazeuse.
240. Le lait sucré.
241. Une sauce.
242. Le raisin.
243. Le far.
244. Du rhum.
245. Un morceau de poisson sans arêtes.
246. La grenadille.
247. Un pâté.
248. Boire d'un trait.
249. La bûche.

250. La religieuse.
251. Le bar.
252. Faux.
253. Des tranches de pain rassis passées à la poêle avec du sucre.
254. Une variété de melon.
255. Le Bordelais.
256. Des pommes de terre.
257. L'Italie.
258. Un plat de poissons préparé avec du vin.
259. On ne peut pas faire deux choses en même temps.
260. Une mouillette.
261. La Hongrie.
262. Un mélange de vin et d'aromates où l'on fait macérer de la viande ou du poisson.
263. Le marron.
264. Un vin blanc mousseux.
265. La poire.
266. Une farce.
267. Le chou à la crème.
268. Aix-en-Provence.
269. La crème (renversée).

270. L'endive.
271. 3000.
272. 1 litre.
273. Avoir des cheveux bruns mêlés de blancs.
274. La macédoine.
275. L'Inde.
276. Un vin blanc du pays nantais.
277. Une terrine.
278. La truffe.
279. L'andouille.
280. Plus de 350.
281. Avec du pain de mie, du jambon et du fromage.
282. Un croque-monsieur surmonté d'un œuf sur le plat.
283. Un repas froid qu'on prend debout.
284. Du caramel.
285. Le poivre.
286. Être dans le brouillard.
287. Un morceau de viande cuite et conservée dans sa graisse.
288. Le Mexique.
289. L'île (flottante).
290. La confiture.

291. Les lipides.
292. Une pomme.
293. Ce sont des moules d'élevage : le bouchot est un ensemble de pieux enfoncés dans la vase sur lesquels se fixent les moules.
294. De la charcuterie.
295. Un jaune d'œuf cuit.
296. Le pistachier.
297. Une huître.
298. Un macaron.
299. Du jaune d'œuf battu dans du lait chaud avec du sucre.
300. Le riz.
301. Marseille.
302. Un tournedos Rossini.
303. Une glace composée de trois couches de parfums différents, servie en tranche.
304. Des petits hors-d'œuvre servis avec l'apéritif.
305. N'être ni très agréable, ni très désagréable.
306. Le cassoulet.
307. Un gâteau.

308. De la barbe à papa.
309. Le citron.
310. Entre 0° et 5°.
311. Les rognons.
312. Un assortiment de légumes coupés en morceaux.
313. Le couteau.
314. Au Portugal.
315. Le topinambour.
316. De l'eau très salée dans laquelle on met des aliments pour les conserver.
317. L'entrée.
318. Des croissants, des pains au chocolat ou aux raisins, parfois des sandwichs.
319. Saint Honoré.
320. L'Alsace.
321. La tomate.
322. Un fromage.
323. Le vendredi.
324. La mayonnaise.
325. Avoir très faim.
326. Le homard.
327. Un vin blanc liquoreux obtenu à partir de raisins mûris sur la paille.

328. Un fromage.
329. Une côtelette cuite dans un papier huilé ou aluminium.
330. Le sarrasin.
331. L'amanite phalloïde.
332. Les madeleines.
333. De fruits et de légumes.
334. Eugène François.
335. Il y a de bonnes et de mauvaises choses.
336. De l'eau qui peut être consommée sans danger.
337. Henri II.
338. Des fruits et des légumes.
339. Un gâteau salé alsacien.
340. En Bretagne.
341. Avoir très peu à manger.
342. Le palmier (cœurs de palmiers).
343. Le boudin.
344. Un vin refroidi au réfrigérateur ou au seau à glace.
345. La Chine.
346. Au Yémen.
347. Être dupé.
348. Un escargot.

349. Un mouton qui a brouté de l'herbe salée par la mer.
350. Être avare.
351. Le champignon de couche.
352. Le kiwi.
353. En Grande-Bretagne.
354. La raie.
355. Le Liban.
356. 5 grammes.
357. Un repas préparé en cas de besoin.
358. La noix de coco.
359. Une saucisse sèche.
360. La chanteuse d'opéra Nellie Melba.
361. L'orange et le citron.
362. Genièvre.
363. Le poireau.
364. L'Espagne.
365. La galette des Rois.

junior poche loisirs

MINI-MYSTÈRE,
LE JEU DES 444 QUESTIONS

MOTS CROISÉS-JEUX

400 DEVINETTES
ET DES JEUX POUR S'AMUSER

VRAI OU FAUX ?

ASTUCE,
LE GRAND JEU DES ASTUCIEUX

SUPER CROCO,
400 QUESTIONS SUR LES ANIMAUX

SUPER SCORE,
330 QUESTIONS POCHE

LE TOUR DE FRANCE
EN 300 QUESTIONS

MIAOU, LE LIVRE-JEU DU CHAT

365 DEVINETTES
SUR LES PERSONNAGES CÉLÈBRES

TOUS LES JOURS DE L'ANNÉE
EN 365 DEVINETTES

50 JEUX POUR S'AMUSER EN VOYAGE

LE TOUR DU MONDE
EN 365 QUESTIONS

365 DEVINETTES SUR LE SPORT

50 TOURS ET JEUX DE CARTES

50 TOURS DE MAGIE

365 DEVINETTES
DE TOUTES LES COULEURS

50 JEUX DE PLEIN AIR

300 DEVINETTES SUR L'EUROPE

330 DEVINETTES
ET CHARADES POUR PETITS FUTÉS

300 HISTOIRES POUR RIRE

365 QUESTIONS-RÉPONSES
POUR S'AMUSER

50 JEUX POUR S'AMUSER À LA MAISON

365 DEVINETTES À CROQUER

Éditions Lito
41, rue de Verdun 94500 Champigny-sur-Marne
Imprimé en Italie
Loi n° 49-956 du 16 juillet 1949 sur les publications destinées à la jeunesse.
Dépôt légal : février 1993